POINTS DE FAIT ET DE DROIT

LES PLUS IMPORTANS,

POUR les Adjudicataires originaires de la Salle du Théâtre-Français, appelés en garantie et Intervenans ;

CONTRE S. A. S. Mgr. le Duc D'ORLÉANS.

L'ACTION intentée au nom de Mgr. le duc d'Orléans contre le propriétaire actuel de la salle du Théâtre-Français, en désistement de sa propriété, acquise il y a vingt-quatre ans, a éveillé l'attention publique.

C'est comme dépendance d'un *apanage* de Prince français, *inaliénable même sous la législation républicaine* en 1793 ; c'est aussi comme *domaine national mal* et *irrégulièrement vendu* que la propriété de la salle du Théâtre-Français est revendiquée par S. A. S.

En droit, en politique, la question est d'une haute importance.

Elle a donné lieu, de part et d'autre, à de nombreuses plaidoiries, à des Mémoires étendus ; mais il arrive souvent qu'après une discussion longue, savante, compliquée, on éprouve quelque embarras. Une discussion contradictoire soulève les difficultés, offre les moyens opposés, destinés à les éclaircir et à les résoudre ; mais après avoir tout entendu, les dispositions des lois et des actes deviennent presque toujours en définitif, plus décisives que tous les commentaires auxquels elles ont donné lieu.

C'est alors qu'il est utile de s'interroger sur les points princi-

1

paux à décider, et de chercher principalement les réponses aux questions de fait dans les actes, les réponses aux questions de droit dans les lois.

Nous allons essayer de cette méthode dans cet écrit.

Nous nous interrogerons nous-mêmes successivement sur les points les plus importans du procès, et nous tâcherons que les pièces, les actes et les lois répondent avec nous sur chaque article.

§. Ier.

Quelle demande précise forme-t-on au nom de Monseigneur le duc d'Orléans ? — Contre qui la forme-t on ?

Les termes de l'acte même introductif du procès, de l'assignation première, vont nous l'apprendre :

La demande est formée :

« A la requête de S. A. S. Mgr. le duc d'Orléans, *au nom et comme apanagiste du Palais-Royal, dans lequel il est rentré en possession, en vertu des ordonnances du Roi des 18 et 20 mai 1814.* »

Les motifs sont :

Attendu, « 1° *Que le terrain sur lequel le feu prince Louis-Philippe-Joseph d'Orléans a fait construire ladite salle, faisant partie du Palais-Royal,* DONNÉ EN APANAGE *par* LETTRES-PATENTES *de* Louis XIV DE 1692, *étoit inaliénable* ; »

« 2° *Que* LA LÉGISLATION *de l'époque du 22 octobre 1793* MAINTIENT L'INALIÉNABILITÉ *de tout ce qui étoit resté dans les mains du feu prince,* A TITRE D'APANAGE; *que la loi du 20 mars 1791 lui avoit laissé à ce titre le Palais-Royal; que le séquestre prononcé par l'art. 5 du décret du 16 avril 1793, en enlevant au prince la possession du Palais-Royal, n'a pu donner à ses créanciers et mandataires le droit d'en disposer par vente, pour aucune* DES PORTIONS NON DÉSIGNÉES PAR LES LETTRES-PATENTES *de 1784; que ce séquestre n'a pas cessé de subsister sur le Palais, depuis cette époque 16 avril 1793, jusqu'à la Restauration.* »

La demande en nullité de la vente, l'action à fin de rentrée en possession ne sont donc fondées sur autre chose, que sur ce point, que l'objet étoit inaliénable, comme *dépendant* (à l'époque de la vente, 22 octobre 1793, an II de la république) *de l'apanage d'un prince français.*

Maintenant contre qui est-elle formée? Contre le propriétaire actuel, qui possède personnellement depuis plus de 20 ans, et qui compte 24 ans de possession, s'il y joint celle de ses vendeurs. C'est contre une vente faite en 1793, que l'action en nullité est dirigée.

Il faudroit sans doute des moyens bien puissans pour consommer l'expropriation d'un si ancien possesseur.

§. II.

Qui avoit vendu le Théâtre-Français? — Le Prince vendeur, qui a contracté par des mandataires, n'avoit-il pas eu l'intention de vendre la totalité de l'objet vendu?

La vente du Théâtre-Français, avec toutes ses dépendances, a été faite par trois mandataires, porteurs de la *procuration* de S. A. S. le duc d'Orléans, père du Prince qui réclame aujourd'hui.

Il a voulu vendre: car la procuration la plus générale avoit été donnée par lui, le 7 avril 1793, portant, entre autres pouvoirs, celui « ..... *de continuer à faire procéder aux ventes et adjudications, sur publications, ainsi qu'il est stipulé par le concordat* (entre le Prince et ses créanciers), *et avec toutes les garanties nécessaires en faveur des acquéreurs.....* JUSQU'A CONCURRENCE *des sommes par lui dues à ses créanciers.* »

Et le concordat du 9 janvier 1792, article 18, portoit aussi:

1 *

Dès ce moment et successivement pendant le cours des années sui-
vantes, le Prince fera mettre en vente des fonds et des immeubles
JUSQU'A LA CONCURRENCE DE SON PASSIF. *Il donnera à cet effet procu-*
ration, laquelle portera pouvoir de le représenter dans toutes les
opérations, etc....

Jusqu'à concurrence de son passif.... »

Or, toutes les aliénations consommées, soit celles des terrains
du Palais-Royal, soit autres, étoient encore, après la main mise
nationale, bien loin d'atteindre le montant du passif.

La vente du Théâtre devoit donc être faite pour coopérer à
éteindre ce passif.

Faudroit-il une preuve plus applicable *à la salle même du*
Théâtre-Français, et à la volonté positive du Prince de vendre
cette salle ?

Voici ce que porte une pétition du Prince à l'Assemblée nationale, en 1792 :

« *M. d'Orléans n'avoit pas alors* (à la date du 20 mars 1791)
entièrement épuisé le droit résultant en sa faveur des lettres-paten-
tes de 1784, il lui restoit à cette époque, comme il lui RESTE
ENCORE *les arcades n°s 21, 22, etc., et la totalité des maisons cour*
des Fontaines, UNE SALLE DE SPECTACLE.... *biens qu'il* LUI IMPORTE
d'autant plus DE VENDRE *aujourd'hui, qu'il a dû compter sur le*
prix qu'il en retireroit pour l'acquit de ses constructions. »

La pétition est signée du Prince lui-même.... (*L. P. Joseph*) la
minute existe dans les bureaux.

Mgr. le duc d'Orléans, père du Prince qui plaide contre les acquéreurs, vouloit donc *la vente de la salle de spectacle* ; il *lui*
importoit beaucoup de la *vendre* ; et il annonçoit positivement
qu'elle étoit comprise dans l'autorisation donnée par les lettres-
patentes, et qu'elle *lui restoit à vendre.*

On veut donc bien positivement faire annuller au nom de
Mgr. le duc d'Orléans, une vente faite et consommée *par la vo-*
lonté formelle et absolue de son père.

Mais en ce cas, n'y auroit-il pas une garantie contre le Prince en sa qualité d'*héritier* du vendeur, pour le trouble éprouvé de la part du Prince *en sa qualité d'apanagiste* (si apanage eût existé) ? Cette garantie n'entraîneroit-elle pas le remboursement total à la valeur d'aujourd'hui de l'objet dont l'acquéreur seroit évincé ?

Mais le Prince est héritier bénéficiaire !

Héritier bénéficiaire ! la garantie n'existe pas moins. Faudra-t-il recevoir et discuter un compte ?

On ajoute qu'il y a des vices de forme dans la vente ; que ces vices de forme sont tirés de ce que les *mandataires étoient au nombre de quatre* (qui n'étoient point tenus d'agir conjointe-ment), *et de ce que trois seulement ont paru dans la vente* ; de ce que le *notaire des créanciers* (qui ne réclament pas) *a dû être présent* à la vente ; de ce que l'*une des vacations de remise, n'est pas signée du notaire ;* et de quelques autres moyens de la même force. — Nous n'avons ni le temps, ni le courage de répéter les réponses déjà données à des moyens si foibles, si subtils et si peu dignes de la cause.

§. III.

Dans la totalité de l'objet vendu, quelle portion précisément (dans le système de l'existence lors actuelle des apanages), eût été frappée d'indisponibilité ?

Deux cent douze toises de terrain nu ; — voilà tout ce qui eût dépendu de l'apanage.

Cependant la vente comprend 630 *toises* environ de *terrain, et les immenses et superbes bâtimens* que tout le monde connoît, et qui, construits à grands frais par le père du Prince réclamant, ne fai-soient point partie de l'apanage qu'il avoit reçu de son père.

Deux cent douze toises de terrain nu ; telle est, nous le répétous, la partie qui eût été distraite de l'apanage, si apanage eût existé en 1793.

Cependant, il faut le dire, il y a sur ce point, entre les défenseurs du Prince et nous, une grande controverse. Suivant eux il faut ajouter aux 212 toises accordées par nous, 234 toises qui auroient autrefois fait partie de l'apanage; en tout 446 toises; en sorte que dans le même système il n'y eût eu que 184 toises aliénables, au lieu de 418, qui, à notre avis, étoient depuis 1784 libres et aliénables.

Mais sur ce point de fait, laissons juger le différent par les actes eux-mêmes.

Lorsqu'en 1784, Mgr. le duc d'Orléans voulut aliéner partie de son apanage, il présenta au Roi une requête par laquelle étoit demandée l'*autorisation d'aliéner* 3,500 toises, à la charge du paiement d'un cens de 20 s. par toise. A cette requête fut joint un plan signé de son architecte, M. *Louis*, où toute la partie d'apanage dont on sollicitoit l'aliénabilité, étoit marquée de la *même teinte*; et cette *teinte*, bien reconnoissable, étoit *rouge*.

Les lettres-patentes accordèrent ce qui étoit demandé, c'est-à-dire, l'autorisation d'*aliéner* 3,500 *toises*; et pour la désignation précise de cette portion aliénable, elles renvoyoient au plan de M. Louis, annexé au contre-scel, et déclaroient aliénable *tout ce qui avoit la teinte rouge*.

Les lettres-patentes portent: « *Permettons à notredit cousin* » *d'Orléans, d'*ACCENSER *les terrains et bâtimens parallèles aux trois* » *rues des Bons-Enfans, Neuve des Petits-Champs et de Richelieu,* » *comme aussi le sol des passages nécessaires au service d'iceux,* » *contenant le* TOUT 3,500 TOISES, LESQUELLES *sont marquées et enlu-* » *minées de* ROUGE *dans le* PLAN *signé de Louis, architecte,* ANNEXÉ » *sous le contre-scel des présentes, pour être possédées par les* CENSI-

» TAIRES *en* TOUTE PROPRIÉTÉ, *libres et disponibles dans la directe de*
» *l'apanage*, MOYENNANT UN CENS *annuel de vingt sols tournois,*
» *emportant lods et ventes aux mutations suivant la coutume de*
» *Paris.* »

Ainsi, les lettres-patentes autorisoient l'*aliénation de* 3,500 *toises
au cens de* 20 *sols par toise* (1). Ainsi, les lettres-patentes pronon-
çoient que *tout ce qui étoit teint en rouge sur le plan étoit aliénable.*

Maintenant faisons quelques rapprochemens très-courts :

1° Sur le plan original annexé aux lettres-patentes, plan *signé*
de M. Louis, architecte, *et du Prince vendeur lui-même*, la salle
de spectacle (sauf 212 toises) est-elle teinte en rouge, de la même
nuance que toutes les autres parties aliénées ? — Oui. Nous l'avons
vérifié. Chaque magistrat, juge dans cette affaire, peut et doit le
vérifier : la salle de spectacle a cette *teinte unique et uniforme
donnée à tout ce qui doit être aliénable ;*

2° Mesurez tout ce qui a cette teinte rouge uniforme, dont
font partie et la salle de spectacle, et les maisons de la cour des
Fontaines, et vous aurez précisément *les* 3,500 *toises aliénables :*
ou, si vous le préférez, faites, d'après les contrats (et l'opération
est facile aux gens d'affaires de M. le duc d'Orléans), faites l'addition
de toutes les toises données à cens ou à rentes foncières, et vous
trouverez les 3,500 toises.

Il est donc certain que la salle fait partie des 3,500 toises aliénées ; il est donc certain qu'en y comprenant la salle, il n'a pas
été aliéné plus de 3,500 toises.

Il n'est pas moins constant que la salle fait partie de ce qui avoit

---

(1) Depuis, en 1792, et après l'abolition du droit de cens, on a substitué aux
20 s. de cens une rente de 7 liv. 19 s. par toise, rente dite alors foncière et
apanagère.

la teinte rouge, et les lettres-patentes prononcent formellement que ce qui a la teinte rouge sur le plan (*signé du Prince*) sera aliénable.

On fait pourtant des objections ;

— La *couleur* n'est pas tout ; elle ne doit pas prévaloir sur le texte des lettres-patentes.

— Les lettres-patentes disent que la partie aliénable est *parallèle* aux rues de Richelieu, des Bons-Enfans, etc.

— Les lettres-patentes disent encore que 3,500 toises seulement seront aliénées, y *compris les passages* nécessaires au service des maisons : il faut donc compter les trois rues appelées alors pas- sages, dans les 3,500 toises : et en effet, les trois rues ou passages n'ont pas à la vérité la teinte rouge sur le plan de M. Louis ; mais ils ont une teinte rose, et le rose approche du rouge.

— La couleur est une preuve insuffisante ;

— Le non parallélisme ;

— Les passages, partie aliénable :

Voilà trois objections. — Un mot sur chacune.

Sur la première : — Pardonnez-moi, la couleur est beaucoup, la couleur est tout, non-seulement à raison de ce qu'elle indique elle-même, mais par la force du texte de la loi qui en indique l'objet.

Quand les lettres-patentes disent : « *tout ce qui a la teinte rouge est aliénable* »; et lorsque le plan annexé, signé par M. le duc d'Orléans, contient *en teinte rouge la salle de spectacle ;* peut-il exister du doute que cette salle teinte en rouge est aliénable ?

Reportez-vous à 1793, et représentez-vous les enchérisseurs fu- turs se transportant au lieu où les lettres-patentes et le plan sont déposés, pour vérifier si ce qu'ils désirent acheter est aliénable ; lisant le texte des lettres-patentes ; vérifiant *de leurs yeux*, le plan, et demandez-vous si la teinte *rouge*, si la couleur, si le texte qui y renvoie, ne sont pas pour eux la circonstance décisive, et si la foi publique ne seroit pas blessée à leur soutenir qu'ils ont *mal vu*, *mal lu*, et nullement acheté.

Sur la seconde : — Le Théâtre-Français n'est pas parallèle à la rue de Richelieu ! Non, dit le mémoire; il n'est pas parallèle à la rue, car il fait partie de la rue... Il fait partie de la rue ! Ah !

Sur la troisième : Les passages, aujourd'hui appelés rues, doivent-ils faire partie des 3,500 toises de terrain aliénable et aliéné ?

Comment en feroient-ils partie? *ils ne sont pas aliénés; ils ne paient ni le cens, ni la rente foncière ; ils ne sont pas possédés par des censitaires* (1) *en toute propriété libre et disponible.* Qu'on élève tant qu'on voudra une discussion sur ce mot *passages;* qu'on dise qu'il y a deux sortes de passages, savoir: ceux appelés aujourd'hui rues, et ceux qui, soit plus grands, comme les trois qui sont sur le rang du Perron; soit plus petits, comme ceux qu'on trouve de distance en distance, et qui communiquent de la galerie à la rue parallèle; qu'on ajoute que les *passages* dont parlent les lettres-patentes sont ceux appelés aujourd'hui rues; tout cela ne peut engendrer qu'une équivoque, un doute, une obscurité. Mais ce doute ou cette équivoque peuvent-ils détruire ce qui est, et ce qui est incontestable ?

— La partie aliénable a la teinte uniforme rouge sur le plan *signé du Prince*, et la salle de spectacle a cette teinte.

—Les lettres-patentes renvoient à ce plan et à cette teinte rouge *pour connoître* les parties dont l'aliénation est autorisée.

—La portion à aliéner, soit à cens (20 s. par toise), soit à rente (7 fr. 19 s. par toise) est de 3,500 toises; additionnez les toises aliénées (y compris la salle), celles qui ont été grevées des 20 s. de cens, ou des 7 fr. 19 s. de rente, et vous ne trouverez que les 3,500 toises.

---

(1) Termes des lettres-patentes au sujet des 3,500 toises qui devoient être aliénées.

—Les rues ou passages ne font point partie des 3,500 toises à aliéner, et à grever du cens ou de la rente, puisque jamais par aucun contrat ils n'ont été ni aliénés, ni accensés, ni arrentés.

Voilà ce qui est vraiment décisif.

Au reste, si le moindre doute existoit (et il n'en existe pas) sur la portion aliénable, il faudroit lever le doute par l'exécution qui a été donnée au projet et aux lettres-patentes, et par l'interprétation constamment suivie par le Prince vendeur, et par les autorités du temps.

Ici revient la pièce si décisive, la pétition du Prince à l'Assemblée législative en 1792.

... « M. d'Orléans n'a pas épuisé le droit résultant en sa faveur » des lettres-patentes de 1784... Il lui reste à vendre.... *une salle* » *de spectacle qu'il lui importe de vendre* aujourd'hui. »

Donc la salle de spectacle *ayant la teinte rouge* étoit bien comprise dans l'autorisation donnée par les lettres-patentes, et dans le droit *non-épuisé* du Prince.

L'Assemblée législative, par un décret du 14 septembre 1792, accorde au Prince ce qu'il demandoit (d'arrenter désormais au lieu de donner à cens), et quoiqu'elle ne répète pas nominativement quels sont les objets restant à vendre, elle confirme pourtant, elle adopte l'exposé du Prince, en lui concédant le droit de vendre et d'épuiser son droit... « *Considérant que le Prince a obtenu la per-* » *mission d'aliéner à perpétuité 3,500 toises.... considérant qu'il est* » *nécessaire de statuer sur le mode d'exécution, quant aux objets* » *restant à aliéner... art.* 1er *L. P. Joseph pourra continuer les* » *aliénations,* etc. »

C'est donc un point bien prouvé, que 212 toises seulement de terrain nu faisoient partie autrefois de l'apanage de Mgr. le duc d'Orléans père.

Le surplus du terrain, contenant 418 toises, étoit aliénable; partie comme étant terrain patrimonial, partie comme étant aliénable, d'après les lettres-patentes.

La totalité des constructions étoit indépendante de l'apanage ; c'étoit le Prince vendeur qui les avoit fait faire, et qui en devoit en grande partie le prix.

Si le Prince, revendiquant comme apanagiste la totalité de l'objet vendu, étoit admis à y rentrer, l'équité et la justice commanderoient qu'il payât au moins la valeur des objets non dépendans de l'apanage, valeur dix fois supérieure à celle de la parcelle d'apanage qui est indivisible. Le Prince lui-même est trop grand pour vouloir rentrer, *sans indemnité*, dans ce qui étoit *aliénable.*

Dans cette hypothèse même, quel si grand intérêt le procès auroit-il pour le Prince?

§. IV.

A l'époque de la vente, existoit-il encore des apanages ? Existoit-il des biens frappés de la prohibition d'aliénation, à raison de leur nature apanagère ?

La vente est du 22 octobre 1793.

Quels étoient en point de fait, à cette époque, et le Gouvernement français, et la législation?

Il faut bien vaincre le sentiment que réveillent de tristes souvenirs, pour se reporter à ces temps désastreux.

Le 21 septembre 1792:

« *La Convention nationale décrète à l'unanimité que la Royauté est abolie en France?*

Le 24 septembre 1792:

La Convention nationale décrète que, ne reconnoissant PLUS DE PRINCES FRANÇAIS, *elle supprime, à compter de ce jour, les rentes apanagères.*

Les 25 octobre et 14 novembre 1792, loi qui dispose:

2 *

« *Toutes substitutions sont interdites et prohibées à l'avenir.*

» *Les substitutions faites..... sont et demeurent abolies, et sans effet.*

» *Les substitutions ouvertes n'auront d'effet qu'en faveur de ceux seulement qui auront recueilli les biens substitués, ou le droit de les réclamer.* »

Le 1er août 1793, autre décret :

« *..... Qui ordonne la déportation des Princes français.* »

Le 17 septembre 1793, décret de la Convention qui porte :

« *Que les dispositions des lois relatives aux émigrés, sont applicables en tous points aux déportés.* »

C'est postérieurement à tous ces décrets ; c'est lorsqu'en point de fait (trop fâcheux à rappeler), la France étoit placée *sous l'empire d'une telle constitution et de telles lois*, qu'on veut établir que CES MÊMES LOIS ANNULOIENT LA VENTE D'UN BIEN APANAGER, parce que c'étoit un bien inaliénable, substitué de *mâle en mâle, et par ordre de primogéniture, dans une branche de la famille royale,* pour le maintien de la splendeur et de l'éclat de l'aîné mâle de cette branche de la famille.

Ne perdons pas de vue un principe, que commandent l'ordre public, la sécurité sociale, la nature des choses, nos lois et nos ordonnances actuelles, et, avant tout, la volonté fortement manifestée de notre Souverain ; c'est que les conventions, les ventes, les transactions, les jugemens doivent tous être appréciés par l'empire des lois en vigueur, lorsqu'ils ont reçu l'existence.

Or, de bonne foi, à cette époque, quel acquéreur pouvoit craindre, en achetant un immeuble, que les lois actuelles frappassent son contrat de nullité, sur ce motif que c'étoit un bien réservé, *par substitution perpétuelle,* à maintenir la richesse et l'éclat de l'aîné d'une des branches de la famille régnante.

Il faut bien, hélas! reconnoître que, par suite d'affreuses conspirations et d'épouvantables événemens, il n'existoit plus,

— ni monarchie,
— ni Princes,
— ni substitutions.

Il n'y avoit donc plus d'apanage, *plus de biens inaliénables comme apanagers.*

§. V.

S'il n'existoit plus d'apanages à l'époque de la vente, de quelle nature étoit la chose vendue le 22 octobre 1793? Etoit-ce un domaine privé? Etoit-ce un domaine national?

Les défenseurs du Prince, qui veulent d'abord faire considérer le Théâtre vendu, comme un bien apanager dans la main du Prince, au moment de la vente, se retranchent ensuite dans l'assertion que c'étoit du moins, à cette époque, un domaine national. Il faut même dire qu'on ne sait trop en définitif auquel des deux systèmes ils s'arrêtent.

Quant à nous, cherchons à nous fixer.

Le Théâtre-Français n'étoit pas un bien apanager le 22 octobre 1793. — C'est un point démontré.

Etoit-ce un domaine privé, appartenant, comme ses autres biens patrimoniaux, au Prince vendeur? Si le point de fait étoit tel, il n'y auroit plus de procès, car alors le Prince auroit eu le droit de vendre, même les 212 toises ci-devant apanagères; il auroit valablement vendu, et le Prince son fils ne pourroit revenir, à aucun titre, contre cette vente.

Aussi, les défenseurs du Prince rejettent-ils absolument cette idée.

On pourroit dire cependant que, d'une part, le duc d'Orléans n'étant point de fait déporté, et d'autre part *la substitu-tion apanagère* étant détruite par la proclamation de la répu-blique et par les lois qui déclaroient *ne plus reconnoître de Princes français*, il y auroit lieu d'examiner si les biens apanagers, dé-pouillés de cette qualification, retournoient au domaine, ou s'ils demeuroient au Prince, comme biens libres, ainsi qu'il étoit dis-posé pour toutes les autres substitutions.

Si Mgr. le duc d'Orléans avoit l'intérêt de soutenir cette réso-lution en faveur de son père, contre le Domaine public, nous ne doutons pas que ses conseils, dont la doctrine est si pro-fonde, et l'esprit si élevé, ne trouvassent de très-bonnes rai-sons pour la soutenir ; et nous-mêmes, placés parmi les juriscon-sultes, dans un rang moins éminent, nous apercevons des rai-sons fortes de décider en faveur du Prince contre le Domaine.

Cette résolution en faveur du Prince apanagiste contre le Do-maine public, seroit applicable à plus d'une branche, et à plus d'un Prince. Alors tout ce qui a autrefois appartenu aux Princes, *à ce titre d'apanage*, devroit leur être restitué, *non pas comme biens apanagers* (puisqu'il ne sauroit exister d'apanage aussi long-temps qu'une loi formelle ne les rétablira pas), mais comme biens libres dans leurs mains, et affranchis de cette espèce de substi-tution perpétuelle, que l'état actuel de la législation n'admet plus.

Dans ce système, le droit de retour des biens apanagers à l'Etat, au cas de défaut d'enfant mâle, ne seroit considéré que comme un degré éventuel de la substitution ; degré annullé comme les précédens degrés, et disparoissant avec eux, pour laisser les biens libres dans les mains du possesseur actuel.

Mais cette thèse, qui demanderoit plus d'examen et de déve-loppement, et qui prêteroit à la controverse, ne convient pas, nous le sentons bien, aux défenseurs du duc d'Orléans. En ef-fet, dans ce système, le Prince vendeur, devenu libre par l'ex-

. tinction de la substitution apanagère, auroit valablement vendu
le 22 octobre 1793.

Ils préfèrent donc proclamer cette idée, que la nature apanagère de l'immeuble ayant disparu, il a fait retour au Domaine
public; et, dans ce système, ils disent: Au moment de la vente
faite par le Prince, une partie de l'objet vendu étoit nationale, le
Prince ne pouvoit pas le vendre.

Cependant, abstraction faite du point de droit, qui est au
moins douteux, les défenseurs du Prince n'ont-ils pas vu combien étoit étrange, gênante, défavorable, la position de leur
auguste client, héritier de son père, pour lequel on soutient :

Que son propre père n'a pas eu le droit de vendre, même pour
payer ses dettes ;

Que son père étoit dépouillé, même de son vivant, par retour
au Domaine;

Que le fisc pouvoit (car le Prince actuel ne pouvoit alors
avoir aucun droit) et devoit demander la nullité de la vente faite
par le père de ce Prince ;

Que cependant le fisc n'ayant pas exercé ce droit de confisca-
tion ou de retour, le Prince actuel exerçant le droit qu'auroit pu
alors faire valoir, contre son père, le fisc négligent, peut, après
24 ans, exproprier les acquéreurs qui ont traité avec le père du
Prince réclamant.

Cette thèse, ces propositions sont, il faut en convenir, *pénibles*
à soutenir.

Toutefois laissons indécise la question très-ardue de savoir si
l'abolition des apanages (incontestable pour tout esprit raison-
nable), a laissé les biens libres dans la main de Mgr. le duc d'Orléans.

Supposons que les biens apanagés ont fait retour au Domaine
public, que par une conséquence la partie (212 toises) du terrain
sur lequel est édifié le Théâtre-Français, est devenue domaine

national, et apprécions les droits de Mgr. le duc d'Orléans sous ce
rapport.

§. VI.

*— Les lois et les ordonnances royales autorisent-elles des actions
de la nature de celle exercée au nom de Mgr. le duc d'Orléans ?*

Il est un principe fondamental qu'il faut d'abord poser d'une
main ferme ; un principe qu'il faut que chacun reconnoisse franchement et loyalement ; c'est qu'après une révolution qui a duré
vingt-cinq ans , le retour si heureux à l'ordre , à la monarchie , à
la légitimité ne peut s'opérer avec sécurité que par la conservation
des droits acquis à tous les tiers ; que pour apprécier ces droits , il
faut consulter exclusivement les lois , les principes qui existoient
avant la restauration ; que tout ce qui, dix ans, ou un mois, ou
un jour avant son arrivée étoit inattaquable, demeure inattaquable
un jour , un mois , dix ans après sa glorieuse proclamation.

Sans doute , il en coûtera des sacrifices de fortune, d'opinion,
de cœur ; mais avant tout , l'ordre social , un rétablissement ferme
et inébranlable sont nécessaires, et il n'y en a point à attendre à
d'autres conditions.

Il faut, quant à ce qui est fait et consommé, statuer, disposer,
juger le lendemain de la restauration comme on auroit jugé la
veille.

Pour tout ce qui ne concerne pas des tiers , pour tout ce qui est
resté à la seule disposition du Gouvernement , c'est à la sagesse
du Souverain à disposer dans certain cas , à proposer dans d'autres ; mais le Souverain s'est fait une loi à lui - même , de ne
disposer , de ne proposer que pour ce qui est en sa main , en
sa possession , non grevé du droit d'aucun tiers

Ces principes sont , assure-t-on , ceux de Mgr. le duc d'Orléans,

On les avoue pour lui, et cependant on veut les violer, comme nous le verrons bientôt.

Au reste, ils sont proclamés par-tout : dans la Charte, dans les ordonnances de notre Roi, dans les lois.

Tout ce qui est jugé, réglé, doit donc rester ce qu'il étoit avant la restauration ; cela suffit pour la décision de la cause. — Mais il faut aller plus loin, et dire que ce qui a été même irrégulièrement statué ou jugé, ou disposé, est inattaquable. — Parcourons les lois et les raisonnemens qui s'appliquent à cette proposition.

— La Charte a assuré *l'inviolabilité des propriétés dites nationales.*

La loi du 5 décembre 1814, avant même de s'occuper de la restitution des biens, commence par en poser les limites, et par assurer les droits des tiers.

L'article 1er prononce :

« *Le maintien, le plein et entier effet, soit envers l'Etat, soit envers les tiers de* TOUS JUGEMENS *et* DÉCISIONS *rendus, de* TOUS *actes passés, de tous droits acquis avant la publication de la Charte, qui seroient fondés sur des lois* OU DES ACTES DU GOUVERNEMENT. »

L'art. 2 prononce la restitution des biens existans, mais il explique bien formellement, que dans les biens à rendre sont compris seulement *ceux qui ne sont pas vendus, ceux qui font actuellement partie du domaine de l'Etat.*

Le Souverain rend les biens *non vendus.*

Le Souverain rend les biens *qui font actuellement partie du domaine de l'Etat.*

Mais d'abord cette remise ne peut concerner le Théâtre-Français, car enfin, *il ne fait pas actuellement partie du domaine de l'Etat.* — *Il a été vendu.* — Il fait partie de la possession d'un tiers, a

3

moins jusqu'à ce qu'une action ait été exercée et jugée contre le possesseur.

Mais cette action en nullité que n'auroient point exercée les agens de la Nation ou du Gouvernement, appartiendroit-elle à ceux qui ne reçoivent que la remise de ce qui n'est pas vendu, *de ce qui fait actuellement partie du domaine de l'Etat?*

Le texte de la loi, autant que son esprit, autant que les principes d'ordre, décide pour la négative.

Il ne faut pas qu'une loi d'équité, de concorde et de paix devienne une loi de désordre. *Si le* domaine public n'est *plus en possession* des biens, *il ne les remet point;* et alors il ne remet pas non plus le droit d'attaquer, le droit de porter le trouble. Nulle querelle à faire aux actes en vertu desquels des tiers possèdent.

Remarquez que l'art. 1er de la loi du 5 décembre 1814, ne maintient pas seulement les actes définitifs, les droits souverainement et irrévocablement acquis (dont il auroit été peu nécessaire de prononcer la confirmation); mais qu'il maintient *tous* actes passés, *tous* jugemens, *tous* droits fondés sur des lois, OU DES ACTES DU GOUVERNEMENT.

Qui ne conçoit combien de procès, combien de revendications, combien d'évictions eussent été intentées ou provoquées, si la nullité, les vices de forme, les omissions, les irrégularités eussent pu devenir des moyens de troubler les possesseurs.

Remarquez encore que les mots.... *ou des actes du Gouvernement*, n'étoient pas dans le projet de loi, qu'ils ont été ajoutés par la commission de la Chambre. Il est même bon de savoir dans quelle latitude cette addition étoit entendue par la commission. On peut voir à cet égard ce qui étoit dit par le rapporteur au nom de la commission. Un autre membre, *M. de Sacy*, dans la séance du 28 octobre 1814, s'exprimoit ainsi après avoir appuyé l'addition demandée par la commission, de ces mots :.... *ou actes du Gouvernement :*

« *On objecte que ce sera* RÉGULARISER *des actes arbitraires.* CELA
» EST VRAI, *et c'est pour cela que je trouve cette addition nécessaire ;*
» *car si la loi ne les régularisoit pas, on pourroit vouloir porter*
» *atteinte à des transactions faites* SUR LA FOI DE CES MÊMES ACTES. »

Le véritable esprit des lois et des ordonnances est donc de respecter ce qui existe ; d'éviter tout ce qui pourroit jeter le trouble ou la crainte dans les esprits ; de *régulariser* même ce qui eût été susceptible d'être querellé de nullité ou d'irrégularité.

Sans doute on ne prétendra pas pour Mgr. le duc d'Orléans, que la remise qui lui a été faite par le Roi des biens qui le concernent, et qui excepte aussi *les biens vendus.... les biens aliénés,* soit affranchie des conditions que le bien public a dicté pour toutes les autres restitutions.

Ces ordonnances ne comportent aucune distinction particulière.

« Le Palais-Royal et le parc de Mousseaux sont rendus avec leurs » dépendances, à notre très-cher et très-aimé cousin, etc. » —Voilà la première.

« Tous les biens appartenans à notre très-cher et bien-aimé » cousin.... *qui n'ont pas été vendus,* soit qu'ils soient *régis par* » *l'administration de notre domaine,* soit qu'ils soient *employés* » *à des établissemens publics* lui sont restitués. » — Voilà la seconde.

Certes, ces deux ordonnances sont bien loin de faire remise *des domaines vendus.* Les mots.... *régis par l'administration de notre domaine,* ou *employés à des établissemens publics,* sont même des explications directement contraires à l'interprétation qui

3 *

comprendroit dans la remise, les immeubles depuis *vingt-quatre* ans possédés par des tiers.

La troisième ordonnance porte:

... « En restituant à notre très-cher et aimé neveu les biens *non aliénés* dont notre cousin le duc d'Orléans son père, a joui à quelque titre, et sous quelque dénomination que ce soit; notre intention a été que lesdits biens *sortissent de nos mains* pour passer directement dans celles de notredit neveu, *et dans celles de notre* très-chère et aimée *cousine sa sœur*, pour ce qui peut la concerner, *à leur profit exclusif.* — Tel est le texte de la troisième ordonnance. »

Nous ne voyons dans cette ordonnance, qu'une explication qui paroît avoir pour objet de faire participer mademoiselle d'Orléans, au bienfait de la remise qui n'avoit été faite qu'au Prince son frère.

Les défenseurs de M. le duc d'Orléans y trouvent des moyens à opposer aux acquéreurs. Nous pourrions dire que nous voyons le contraire dans ces mots.... *sortissent de nos mains*, qui assurément restreignent la remise *aux objets étant en la possession du Souverain.*

Ils y voient encore la résurrection des apanages dans ces mots de la phrase incidente.... « *dont son père a joui à quelque titre et sous quelque dénomination que ce soit....* suivant eux le Monarque a par-là consacré de nouveau l'apanage, et la substitution perpétuelle de mâle en mâle, des biens immeubles en dépendant autrefois.

Nous pensons nous, que lorsqu'il existe des lois qui ont aboli tous les apanages; lorsque les gouvernemens intermédiaires les ont méconnus et abolis; il faudroit une loi, et non une phrase incidente, aussi insignifiante, pour les rétablir.

Ce système du rétablissement des apanages par ces mots: *à quelque titre que ce soit,* seroit d'autant plus étonnant, que les

Princes, bien plus rapprochés du trône, n'ont reçu de la législation qu'un revenu en argent pour leur tenir lieu d'apanage (art. 23 ; loi du 8 novembre 1814).

« Il sera payé annuellement par le trésor royal, une somme de huit millions, pour les Princes et Princesses de la famille royale, *pour leur tenir lieu d'apanage.* »

Mais au reste, quand même ces quatre mots.... *à quelque titre que ce soit,* d'une phrase insignifiante, auroient recréé l'apanage de M. le duc d'Orléans (avantage qui appartiendroit à lui seul exclusiment dans la famille royale), il faudroit toujours bien convenir que la remise, même à titre d'apanage, ne peut avoir lieu que pour ce qui est encore en la possession du Domaine public, et qu'on ne peut y comprendre les distractions qui en ont été faites, et qui ont été reconnues, et jugées valables par les actes du Gouvernement et les jugemens. — C'est ce qui amène une question bien importante, la plus importante de toutes peut-être, et la plus clairement résolue au procès.

§. VII.

Si la vente est celle d'un domaine national, n'est-elle pas autorisée d'abord, ensuite reconnue et jugée valable par des actes du Gouvernement et par des jugemens ? n'existe-t-il pas un grand nombre d'actes de ratification, de reconnoissance, qui éleveroient contre le Gouvernement, et qui élèvent par conséquent contre M. le duc d'Orléans, des fins de non-recevoir insurmontables ?

C'est ici un des points décisifs au procès.

C'est en effet sur ces questions, que les lois et les actes du Gouvernement répondent péremptoirement.

Oui ; la vente et sa forme ont été *autorisées.* — Décret du 1er mai 1793.

Oui ; la vente a été jugée *valable administrativement.* — Arrêté du comité des finances, du 28 vendémiaire an 4.

Oui ; la vente a été *jugée valable judiciairement.* — Jugement contradictoire du 14 prairial an 9.

Oui ; les actes de ratification, de reconnoissance, sont nombreux.

Parmi ces derniers, peuvent être cités entre autres, *l'arrêté des consuls du 23 thermidor an 8* ; l'estimation contradictoire des experts du 29 nivôse an 9, le *bail* entre *le Gouvernement comme preneur*, et le sieur Julien comme bailleur, en date du 28 prairial, *le bail* dans les mêmes qualités, du 21 mars 1809 ; beaucoup d'autres pièces encore dont nous renvoyons l'indication à la défense générale.

Reprenons :

Le décret du 1er mai 1793, portoit :

Décret du 1er mai 1793.

« *La Convention nationale, après avoir entendu le rapport de* SON COMITÉ DES FINANCES, *sur la pétition des créanciers unis de L. P. J. d'Orléans, décrète* :

» ART. 1er. *L'agent du trésor public surveillera* TOUTES LES OPÉRA-TIONS, *relatives à* LA LIQUIDATION, ET AU PAIEMENT DES DETTES *dudit d'Orléans qui seront faites en exécution* DU CONCORDAT, *intervenu entre lui et ses créanciers, le 9 janvier* 1792.

» 2. *L'administration des biens d'Orléans, sera continuée par les mandataires de ses créanciers unis, dans la forme prescrite par* LE CONCORDAT. »

C'est donc en mai 1793, et bien postérieurement à l'établissement de la République, à l'abolition des substitutions, à la méconnoissance prononcée des Princes français, au retour des apanages au Domaine, que ce décret est rendu.

Il résulte du texte de cette loi expresse, que rien n'a été changé au régime des biens du duc d'Orléans, et à *toutes* les opérations à faire pour la liquidation et le paiement de ses dettes ; si ce n'est qu'attendu le mélange des propriétés et des intérêts, l'agent du trésor public a reçu un mandat, un pouvoir spécial pour surveiller toutes les opérations et y assister.

C'est donc en vertu de ce décret, que TOUTES *les opérations* de la liquidation d'Orléans *ont dû être faites*, conformément *au concordat*.

Mais on oppose au nom de Mgr. le duc d'Orléans, que le décret ne parle pas de vente, ne se sert pas du mot *de vente*, et qu'ainsi ce décret ne peut pas faire une exception à la loi générale qui indiquoit les formes des ventes de biens nationaux, l'adjudication par les administrations de district, etc.

Cette objection tombe devant les explications données. Le décret ne contient pas le mot *vente*, mais il porte l'expression plus générique, et qui comprend tout, c'est-à-dire, celle-ci : .... TOUTES *les opérations relatives* à la liquidation et au paiement des dettes.

Comment auroit-on pu *liquider*, et *payer les dettes* sans vendre les biens : C'étoit assurément bien impossible. Pour payer, il falloit vendre et recevoir le prix.

... *Toutes les opérations* doivent être faites conformément *au concordat....* Or, la première des opérations, indispensable pour la *liquidation* et le *paiement*, c'est la vente.

Maintenant et puisque le décret renvoie au concordat, rappelons la disposition du concordat.

.... « *Les mandataires de l'union, de concert avec le conseil du Prince, détermineront l'ordre dans lequel les biens seront vendus, et les conditions des ventes.*

» *Ces ventes seront faites à l'amiable, aux enchères qui seront reçues publiquement par un des notaires du Prince,* etc. »

Et ailleurs :

« *Dès ce moment et successivement, pendant le cours des années suivantes, le Prince fera mettre en vente des fonds et des immeubles,* JUSQU'A LA CONCURRENCE DU PASSIF. »

C'est donc un point incontestable que le décret du 1er mai 1793, *rendu sur la pétition des créanciers*, a eu pour objet unique d'ordonner la continuation des opérations de vente, liquidation, et paiement, comme elles étoient commencées; c'est-à-dire, conformément au concordat, et seulement avec l'addition d'une surveillance confiée à un fonctionnaire public ayant mandat spécial.

C'est en vertu de cette autorisation, et en présence du fonctionnaire public, que la vente du Théâtre a eu lieu le 22 octobre 1793.

Donc la vente, *opération* nécessairement *préalable à la liquidation et au paiement* des créanciers (qui avoient présenté la pétition), est bonne et valable.

Une autre preuve que telle est l'interprétation à donner au décret, c'est que postérieurement, et dans un temps rapproché de sa date, c'est ainsi que les administrations, les comités de gouvernement, les ministres, l'ont entendu.

Que si on nous demande pour quel motif la Convention a excepté du mode ordinaire des ventes de biens nationaux celle de ces 212 toises qui avoient pu faire retour au Domaine par la suppression des apanages, nous pourrions nous contenter de répondre qu'après 25 ans, pourvu que la disposition soit positive, on est dispensé d'en indiquer le motif.

Cependant, nous ajouterons l'indication des motifs qui paroissent avoir amené ce décret.

Les créanciers du duc d'Orléans avoient été plusieurs fois l'objet de la sollicitude des corps législatifs. C'étoient ces créanciers qui avoient présenté *la pétition* pour obtenir le mode de continuation des opérations; c'est à eux que la Convention l'a accordée, et non au duc d'Orléans même. Les premières lignes du décret en font foi.

Ceux qui ont rendu ce décret peuvent encore avoir été déterminés par d'autres considérations. — Celle que nous avons plus haut indiquée, qu'il falloit regarder le duc d'Orléans comme un grevé de substitution devenu possesseur libre. — Et plus encore peut-être celle, que dans l'objet indivisible du Théâtre-Français, la masse des constructions toute entière, et les deux tiers du terrain n'étoient pas apanagers ni susceptibles de retour au Domaine ; que dans une telle situation, il ne falloit rien troubler dans la continuation des opérations réglées par le concordat.

Quoi qu'il en soit, au reste, des motifs, le Théâtre-Français a été vendu sous les yeux du Gouvernement, en présence de l'agent ou fonctionnaire qui y a donné son adhésion, et en vertu du décret du 1er mai 1793 qui y a été mentionné.

Nous disons maintenant que la vente dans cette forme, autorisée par un décret, a été jugée valable par acte formel du gouvernement,

En effet, des difficultés ayant été élevées sur cette forme de vente, et aussi sur la nature des immeubles vendus, elles ont été jugées par arrêté administratif souverain. *Arrêté du Comité des finances, 28 vend^{re} an 4.*

L'arrêté du comité des finances du 28 vendémiaire an 4, est ainsi conçu :

« *Le comité....* 'considérant : *que la salle de spectacle, dit de la République, a été* RÉGULIÈREMENT ADJUGÉE ;

» *Que la Nation n'auroit* NI DROIT, NI INTÉRÊT *à en attaquer l'adjudication ; que d'ailleurs elle n'a été faite qu'en présence de l'agent national* ET D'APRÈS UN DÉCRET DE LA CONVENTION *nationale, du premier mai* 1793.

» *Arrête que lors du dernier et final paiement du montant de l'adjudication et des intérêts, il sera délivré aux adjudicataires, par le receveur, une quittance* PUREMENT ET SIMPLEMENT DÉFINITIVE ET POUR SOLDE.

4

Les lois disent : (et les défenseurs de M. le duc d'Orléans con-
viennent) que tout ce qui a été jugé ou statué ; que tous les jugemens comme tous les actes du Gouvernement doivent être maintenus.

Appliquez maintenant le principe.

Il faudroit bien des heures de plaidoyeries et bien des volumes
de mémoires, pour détruire la force ou dénaturer le sens de cet
arrêté.

Que répondre en effet ?

On répond pourtant et par plusieurs objections :

— L'arrêté est incompétent.

— L'arrêté n'a pas jugé la question de validité de la vente.

— L'arrêté n'existe pas.

L'arrêté est incompétent ! — Qu'importeroit d'abord dans
l'instance judiciaire ? une autorité judiciaire ne peut jamais
réformer une autorité administrative (et réciproquement), ni
déclarer qu'elle a incompétemment statué ; c'est à l'autorité administrative supérieure, qu'il appartiendroit de prononcer l'incompétence.

Mais c'est une erreur que de soutenir l'incompétence. Le comité
des finances étoit compétent. Une loi du premier fructidor an 3,
étoit ainsi conçue :

« *Toutes les pétitions et questions relatives à la validité ou nullité des adjudications des domaines nationaux , ou réputés tels,
sont exclusivement renvoyées au comité des finances, section des
domaines.* »

On objecte que *ces questions* étoient en effet *renvoyées* au comité
des finances , mais qu'il n'avoit *pas le droit de les juger.* — Nous
ne croyons pas nécessaire de répondre à cela.

On objecte qu'un autre décret du 15 vendémiaire an 4, rendu

au sujet d'une affaire particulière et sur la proposition d'un membre, avoit statué que ces questions se jugeroient par le comité des finances et celui de législation réunis.

Ce décret ne se trouve ni *dans le Bulletin des lois, ni dans le Moniteur* ; il n'a pas été public, il n'est pas une loi : et aussi il n'a jamais eu d'exécution : car dans les archives, que nous avons compulsées, il n'existe ni un registre, ni un seul arrêté, sur ces matières, émané des deux comités réunis.

Ajoutons ici qu'un pourvoi, même administratif, ne seroit plus ni possible, ni admissible.

Une loi du 8 germinal an 4, a statué sur le mode de pourvoi contre les arrêtés des comités de la Convention nationale.

« *Le Conseil des anciens, etc.... considérant qu'il est du devoir du législateur de faire statuer sans retard sur les réclamations, etc....*

» ART. 1er. *Les réclamations contre les arrêtés des comités de la Convention nationale..... seront adressées immédiatement au Corps législatif.*

» ART. 4. *Le délai pour se pourvoir contre lesdits arrêtés est fixé à six mois, à compter du jour de la publication.* »

Ainsi quand même l'arrêté auroit quelque vice soit d'incompétence, soit de mal jugé, on ne seroit plus à temps de se pourvoir pour faire réformer.

L'arrêté n'a pas jugé la question ! — Comment adopter une telle assertion, quand on vient de lire dans son entier l'arrêté lui-même ?

— Qu'avoit-il à juger ?

— Qu'a-t-il voulu juger ?

— A quel sujet est née la question ?

Le receveur de l'enregistrement, qui (postérieurement à la con-

4 *

damnation révolutionnaire du duc d'Orléans) avoit reçu plusieurs sommes sur ce qui restoit dû (1), avoit toujours donné des quittances à compte et *sous les réserves* de tous les droits de la République. — Quand les adjudicataires portèrent le reliquat de ce qui étoit dû (une bagatelle de 1,009 fr.), le receveur ne voulut pas donner une quittance *sans réserve*. Il motiva son refus sur ce que dans la vente on avoit compris une portion de terrain *faisant partie du ci-devant apanage* d'Orléans (c'est bien la même difficulté élevée aujourd'hui); alors l'administration des domaines examina le mérite des réserves que vouloit faire le receveur, et bientôt après le comité des finances fut saisi.

C'est sur cette difficulté UNIQUE que s'élevoit la question.

Le comité des finances avoit renvoyé à la commission des revenus nationaux (faisant fonctions de ministre) pour avoir son avis ; et la commission des revenus nationaux, à la régie des domaines.

Il seroit trop long de transcrire tout ce que disoient ces différentes administrations ; qu'il suffise de savoir que tout se rapporte à la question de savoir si la vente a été valablement faite ; si la propriété appartient en entier aux acquéreurs, ou si le Gouvernement a droit à une partie.

Le comité des finances n'a donc pu, ni voulu juger, que ce qui étoit à juger.

Au reste, son texte est assez clair :

Considérant que la salle a été régulièrement adjugée ;

Que la nation n'auroit ni droit, ni intérêt d'attaquer la vente ;

Que l'agent national a été présent, etc.

---

(1) Nous disons *ce qui restoit dû*, parce que 300,000 fr. avoient été donnés à Mgr. le duc d'Orléans par Gaillard et compagnie à titre de prêt, sans intérêt, pour 30 ans ; que 33,000 fr. seulement avoient été restitués, et qu'aux termes de l'adjudication, 200,000 fr. devoient se compenser d'autant avec le prix de l'acquisition.

C'est quand le comité a proclamé tout cela, et c'est quand il a levé la difficulté, par des motifs, qu'il arrête qu'il sera donné une quittance *purement et simplement définitive.*

Comment l'arrêté du comité n'a pas jugé la question?

Non, dit-on, les motifs d'un jugement ne sont pas le dispositif.

Ah! qu'il nous soit permis de nous étonner de pareils raisonnemens.

On a en effet présenté quelquefois cette proposition en matière judiciaire. Il arrive quelquefois que les motifs d'un jugement peuvent être mauvais, et le dispositif bon, et réciproquement; mais en matière, même judiciaire, les motifs et le dispositif sont des parties d'un même tout; ils s'éclairent réciproquement. Si par exemple, comme dans l'espèce, il y a une question à résoudre; en cas de doute, les motifs expliquent ce que le jugement a eu en vue, et ce qu'il a décidé. Il est vrai seulement que le juge ne pouvant statuer que sur ce qui lui est soumis, c'est essentiellement par la question soumise qu'il faut décider ce qu'il a jugé, et non par des motifs qui paroîtroient s'appliquer à des questions étrangères; mais assurément, dans l'espèce, rien de semblable. C'est bien la question et uniquement la question soumise que le comité a jugé, puisque la quittance *sans réserve*, *pure et simple et définitive*, n'étoit refusée *qu'à raison de la prétention de propriété nationale.*

Mais au reste, les matières administratives sont hors de l'application de ces espèces de subtilités du droit et de la procédure. En matières administratives, tout se fait et s'explique loyalement, franchement, sans application de toutes ces minutieuses pointilleries.

Le comité a jugé la question, car il a voulu la juger et il n'avoit que cela à juger.

L'arrêté n'existe pas? oh! certes, voici qui seroit bien plus décisif.

L'arrêté n'existe pas! — mais il est transcrit tout au long (comme ci-dessus) dans le registre des arrêtés du comité des finances, déposé aux archives; — mais il est en minute séparée à ces mêmes archives ; — mais une minute également signée, est dans les bureaux de la régie des domaines ; — mais, depuis l'an 4 jusqu'à présent, il n'a cessé d'être reconnu, cité, commenté par toutes les autorités, et jamais personne n'a imaginé de dire qu'il n'existe pas.

Il n'existe pas, a-t-on dit, parce que bien que transcrit en effet sur le registre, il n'est signé que du nom du secrétaire du comité, le sieur *Du Razey*, et n'est pas signé du président de ce comité, M. *Leclerc*.

Si cette étrange objection, peu digne d'une si grande affaire, étoit fondée, il faudroit dire qu'une foule d'autres arrêtés qui sont dans le même cas, seroient regardés pareillement comme nuls, et non-existans; à plusieurs séances, et notamment la veille et le lendemain du jour où cet arrêté a été pris, tous les arrêtés inscrits seroient frappés de nullité ; car le procès-verbal de ses séances n'est signé que d'un nom, celui du secrétaire.

Il faut savoir que chaque arrêté n'est pas signé sur le registre ; ce n'est qu'à la fin de chaque séance, dans laquelle on décidoit souvent trois, six, dix, douze affaires, que les signatures étoient apposées ; mais comme il falloit une minute pour chaque arrêté, on l'écrivoit sur une feuille séparée, et elle étoit signée du président et du secrétaire. C'est ce qui existe, comme on vient de le voir dans notre espèce. Outre le registre signé du secrétaire, il existe aux archives, sur une feuille séparée, une minute; et une expédition est déposée comme minute aussi à l'administration des domaines et de l'enregistrement; et cette minute est signée du président et du secrétaire.

Au reste, où est donc la loi qui prononce la nécessité de cette signature du président sur le registre ? Quel décret a astreint le *registre* des délibérations à d'autre signature qu'à celle du secrétaire, membre et rédacteur du comité qui a délibéré ?

On a senti la nécessité de citer une loi ; en conséquence on a

cité celle du 2 février 1793 : mais celle du 2 février. 1793 est absolument inapplicable ; elle n'est relative qu'aux décrets de la Convention , et même aux expéditions de ces décrets. «.... Les signa-
» tures du président et des secrétaires *de la Convention* nationale ,
» seront mentionnées *dans les expéditions des décrets,* dont le
» Conseil exécutif est chargé de faire l'envoi , etc. »

C'est donc bien en vain qu'on a dit que cette loi exigeoit
la mention des signatures des président et secrétaires de la
Convention nationale , cela n'a aucun trait aux registres des
comités.

On ne peut citer aucune disposition législative, relativement
à ce que les bureaux des comités devoient pratiquer dans leur
intérieur , et l'on ne peut supposer que les administrations, et les
particuliers intéressés aux arrêtés des comités, dussent aller, avant
d'exécuter ces arrêtés , vérifier le registre. Tous les reproches faits
à l'état matériel des registres sont donc sans objet, et l'on peut
ajouter que cet état matériel est, on ne peut plus, régulier. Le
procès-verbal de la séance du 28 vendémiaire, dans laquelle a été
pris l'arrêté relatif à la vente du Théâtre , est inscrit à sa date, et
signé du sieur *Du Razey* , secrétaire du comité.

Au reste , nous le répétons, *une minute authentique est annexée
à ce procès-verbal ,* elle est signée *du président* et du *secrétaire ;*
on en produit une expédition officielle; de bonne foi, que pour-
roit-on exiger de plus ?

Que devient maintenant cette assertion si étonnante ? Que l'arrêté
n'existe pas ?

Cette fin de non - recevoir, toute seule seroit insurmontable.

Ajoutons cependant celle de la chose *judiciairement* décidée.

La régie des domaines étoit intervenue dans un procès entre
les adjudicataires originaires, et le sieur Julien , à qui ils avoient

Jugement du 14 prairial an 9.

revendu : elle avoit présenté les moyens de nullité qu'on oppose
aujourd'hui ; elle avoit été déclarée, *quant à présent*, *non-recevable.*

Ce *quant à présent* paroissoit laisser indécise la question au fond.
Quoique l'arrêté du comité des finances eût dû suffire pour tran-
quilliser le sieur Julien , il désira faire décider la question par les
tribunaux. Il assigne à son tour la régie des domaines , et il inter-
vient entre les parties un jugement contradictoire , portant :

« Question : *Il s'agissoit de savoir* 1° — 2° *Si la République avoit*
» *quelque droit à la propriété totale* OU PARTIELLE *du Théâtre de la*
» *République*, *et des bâtimens et terrains en dépendans :* ou si au
» contraire le citoyen Julien en étoit véritablement propriétaire
» incommutable ?

» Attendu que la vente ci - dessus énoncée , et les ventes
» antérieures du Théâtre de la République ont été valablement
» faites , etc. etc.

» Le Tribunal...., sans avoir égard à la demande en nullité *de*
» *ladite vente, et en rentrée en possession , dont débouté ; déclare*
» *le citoyen Julien* , PROPRIÉTAIRE *et* POSSESSEUR INCOMMUTABLE *dudit*
» *Théâtre, des bâtimens en dépendans, et de la* TOTALITÉ DU TERRAIN
» *sur lesquels ils sont construits.* »

Voilà, certes, la question bien contradictoirement jugée :
Non , disent les défenseurs de Mgr. le duc d'Orléans ,
— La procédure n'est pas régulière ;
— La régie des domaines n'étoit pas le fonctionnaire ayant
pouvoir de défendre.

La procédure n'est pas régulière ! — Mais dans ce cas même le
Tribunal de première instance (toujours un, toujours le même),
ne pourroit se réformer ni se régulariser : il eût fallu, en temps
utile , interjeter appel du jugement.

La régie du domaine ne représentoit pas en cette partie la Nation, *le Gouvernement!* — Mais le jugement contradictoire existe ; il ne peut pas tomber de lui-même.

On forme à la vérité tierce opposition au nom de Mgr. le duc d'Orléans.

Quoi! une tierce opposition, au nom de Mgr. le duc d'Orléans, à un jugement rendu contre la Nation le représentant! Elle est inadmissible!

On persiste. Oui, dit-on, la tierce opposition est admissible.

Autrefois, M. d'Aguesseau, avocat-général du Parlement, forma tierce opposition à un arrêt du grand conseil, sur le motif que le grand conseil n'étoit pas compétent pour juger la question soumise.

L'espèce est bien différente. Il ne s'agit pas ici de l'incompétence du tribunal : et, quant à l'incapacité de l'administration qui a défendu, lorsque tous les pouvoirs ont reconnu alors qu'elle avoit capacité ; lorsque le ministre des finances, autorité administrative supérieure, soit de la régie des domaines, soit des procureurs généraux de département, a donné mission à la régie des domaines de se présenter dans cette cause; comment Mgr. le duc d'Orléans, renvoyé en possession, pourroit-il élever cette sorte de conflit entre les fonctionnaires chargés autrefois de défendre dans les différentes matières? Quand le jugement subsiste depuis tant d'années, quand il a été reconnu par tous les fonctionnaires publics, pendant tout ce laps de temps; comment *le propriétaire privé*, renvoyé en possession, argumenteroit-il avec succès, de cette prétendue inhabileté de la régie à défendre pour le Gouvernement?

Ajoutez encore : outre qu'il n'existoit pas, à cette époque, une division bien nette dans les fonctions de chacun, que, d'après l'ordonnance royale du 5 décembre 1814, toutes ces difficultés d'incompétence ou d'irrégularités, sont bannies par cette expression : que *tous jugemens*, *toutes décisions* seront maintenus.

Au reste, remarquez que, lorsque la question s'est agitée successivement devant la régie des domaines, la commission des revenus nationaux, le comité des finances, les ministres des finances et
de l'intérieur, jamais aucun d'eux n'a prétendu que la régie ne
fût pas partie capable d'ester en jugement dans cette matière.

Il est même prouvé par les pièces, que c'étoit le ministre des
finances directement qui, par surprise, et ne connoissant pas
apparemment l'existence ou le texte de l'arrêté du comité des finances, avoit *enjoint à la régie* d'intervenir.

C'est un témoignage aussi bien important, que celui d'une lettre
écrite à cette époque, 20 ventôse an 5 (il y a plus de 20 ans),
et aujourd'hui encore déposée aux archives, et dans laquelle le
conseil judiciaire ordinaire (1) de l'administration des domaines,
dont certes on ne suspectera ni le zèle, ni le talent, ni l'inté-
grité, chargé de plaider cette question de propriété du terrain,
exposoit, non pas l'incapacité de la régie pour défendre, mais
les fins de non-recevoir, et les moyens du fond qui s'élevoient
contre une telle prétention.

« *Je ne connois la prétention de la Nation, que par la lettre du
ministre des finances, et qui la présente* SOUS LE RAPPORT LE PLUS
FAVORABLE. *Il en résulteroit cependant qu'elle n'est pas* SOUTENABLE.

» ..... *Un arrêté du comité des finances* a déclaré que cette
salle avoit été *régulièrement adjugée* par les créanciers d'Orléans, et *que la Nation n'avoit ni droit ni intérêt d'attaquer...*

» *Tant que cet arrêté existera,* il est impossible d'intervenir
avec quelque apparence de raison.

» On ne peut non plus espérer d'obtenir une loi pour faire
rapporter ou annuller l'arrêté; les tribunaux jugent d'après les

_____

(1) M. Roi, Avocat, aujourd'hui membre de la Chambre des Députés.

règles existantes, et non d'après celles qu'une partie leur annonce vouloir faire établir.

» *Il n'est pas d'ailleurs présumable que cet arrêté*, rendu par une autorité compétente, exerçant juridiction souveraine, *soit annullé*, sur-tout lorsque par-là *on violeroit le droit d'un tiers* (1) qui s'est reposé sur la foi publique, etc. »

Nous nous arrêtons ici, quoique la lettre parcoure ensuite les moyens tirés *de la teinte rouge, du plan*, etc.

La lettre finit ainsi :

« *S'il est essentiel d'entreprendre et de suivre avec zèle les contestations où les droits de la République sont assurés, probables, ou même douteux, il est aussi de la dignité de la régie de ne pas permettre que l'on élève en son nom des prétentions* ÉVIDEMMENT MAL FONDÉES , etc. »

Concluons de tout ce qui précède :

En la forme, que la régie avoit qualité et capacité pour représenter la République ;

Au fond, que la question qui s'agite aujourd'hui est bien la même que celle qui s'agitoit alors, et avoit été jugée par le comité des finances; la même qui a été jugée, la même que tous les bons esprits dès-lors regardoient *comme insoutenable*.

Parlerons-nous maintenant de tout ce qui a suivi, de tous ces actes récognitifs et confirmatifs de la propriété dans les mains de l'acquéreur ?

Un arrêté des Consuls, du 23 thermidor an 8, porte :

Art. 1er. *Le Théâtre-Français, avec ses dépendances et le mobilier nécessaire* SERA ACQUIS *par la République.*

-----

(1) *Vingt ans de plus d'une possession* tranquille rendront-ils les tiers moins favorables ?

5*

Le Gouvernement reconnoissoit donc qu'il n'étoit pas propriétaire.

Du 3 brumaire au 29 nivôse an 9, visite et estimation du Théâtre, à l'effet d'exécuter, l'arrêté des Consuls. *Par le procès-verbal fait en présence des sieurs Lancel et Maheraust*, COMMISSAIRES DÉLÉGUÉS *par le ministre de l'intérieur, les architectes Norry, Chalgrin, Molinos et Legrand arrêtent l'estimation à 1,440,000 fr.*

Cependant le Gouvernement change d'opinion ; et, au lieu d'acheter, il veut prendre à location.

Nouveaux arrêtés ; nouveaux actes.

13 *mars an* 10. — *Arrêté des Consuls*, qui dote les comédiens français d'une inscription de 100,000 fr. de rente, dont la destination première est :

Le loyer de leur salle.

28 *prairial an* 11. Bail par le sieur Julien à M. Remusat, préfet du palais, *stipulant pour le Gouvernement.*

29 *prairial an* 11. *Arrêté du ministre de l'intérieur*, qui, après avoir rapporté un précédent arrêté qui avoit suspendu l'exécution, *autorise le bail, et ordonne qu'il sera payé* 30,000 fr. *de loyer, tous les six mois, au sieur Julien, propriétaire.*

21 *mars* 1809. *Prorogation de quatre années du bail précédent,* passé entre M. Remusat en ses qualités de chambellan, etc. — et de surintendant des spectacles, et *le sieur Julien, propriétaire de la salle.*

Nous omettons beaucoup d'autres actes de reconnoissance et d'exécution.

L'heureuse restauration de 1814 a trouvé les choses en cet état. — Les choses en cet état, les biens *non aliénés* de Mgr. le duc d'Orléans lui ont été rendus.—Il paroît avoir lui-même, et par des actes personnels, reconnu la propriété du sieur Julien.

Ajoutez à une telle masse de jugemens, d'arrêtés, d'actes du Gouvernement, de preuves d'exécution, la prescription (non pas de 30 ou de 40 ans, la seule dont parlent les défenseurs de S. A.) mais la *prescription de dix ans avec titre et bonne foi qui a commencé à courir après la promulgation du Code*, et vous aurez en substance les nombreux moyens, les fins de non-recevoir qu'auroit à vaincre et à surmonter l'action intentée au nom de Mgr. le duc d'Orléans.

Tels sont en abrégé les moyens de droit.

Les moyens de considération ; ceux tirés de la politique, de la sécurité publique, sont-ils d'un moindre poids?

Nous oserions dire qu'ils sont plus puissans encore.

C'est en vain qu'on répète que la cause ne touche en rien la question des ventes de domaines nationaux ; qu'aucune alarme ne devroit résulter, pour les acquéreurs de ces biens, du jugement qui admettroit les conclusions de Mgr. le duc d'Orléans ; ses défenseurs s'abusent eux-mêmes.

Ah ! Messieurs, personne ne croit plus que moi à votre loyauté et à votre bonne foi ; j'y crois autant qu'à vos talens et aux ressources de votre esprit. Mais de grace réfléchissez-y, et prononcez vous-mêmes sans prévention.

Quoi ! aucune alarme ne se répandroit *parmi les acquéreurs de biens nationaux*, lorsqu'un jugement ôteroit à l'acquéreur d'*un bien national sa propriété*, et cela précisément parce qu'il est national et *réclamé comme tel !*

Quoi ! point d'alarmes, quand on violeroit sous les plus frivoles prétextes *un des actes du Gouvernement*, les plus fermes en apparence ; un arrêté d'un comité du Gouvernement reconnu tant de fois et exécuté comme tel !

Quoi ! point d'alarmes, quand seroit détruite la propriété de l'acquéreur, consolidée par un jugement contradictoire qui auroit *débouté la régie nationale de sa demande en nullité*, et déclare l'acquéreur *propriétaire incommutable* !

Point d'alarmes, quand on verroit exproprié celui qui *possède depuis 24 ans*, qui *a payé son prix avec quittance définitive ;* qui a titre, et prescription acquise !

Point d'alarmes, quand il existe des *arrêtés du Gouvernement* qui l'ont sans cesse reconnu propriétaire, qui ont prononcé qu'*on lui acheteroit sa propriété*, et ensuite qu'*on la prendroit à location ;* quant à ce dernier titre, il a été passé *deux baux consécutifs* par le préfet du palais, *stipulant pour le Gouvernement ;* quand avant et après ces actes, un grand nombre d'autres émanés des Gouvernements intermédiaires, des ministres, de toutes les autorités ont reconnu et consolidé la propriété !

Point d'alarmes !

Comment comprendre cependant ces lois, ces ordonnances royales, fruits de la sagesse, de l'amour de la paix, d'une saine politique qui ont voulu que soient maintenus TOUS *jugemens,* TOUTES *décisions* ou actes du Gouvernement ?

Ah ! c'est vouloir s'aveugler soi-même.

En vain dira-t-on qu'il est bien à la vérité question d'*un domaine national*, mais qu'il n'a pas été vendu *dans les formes nationales.*

Qu'importe ? — sa nature n'étoit-elle pas (dans votre système) nationale ? Le décret du premier mai 1793 n'a-t-il plus son exécution ? Les actes du Gouvernement qui ont jugé le tout valable n'ont-ils plus leur force ? *et si on renverse tout cela* ne sera-t-il pas tout aussi facile, et tout aussi efficace d'argumenter de quelques vices de procès-verbaux et d'adjudication ?

C'en est assez, c'en est trop ; nous le pensons du moins : nous nous arrêtons ici.

Certes, nous n'avons pas eu pour but de rendre équivoque les intentions, la bonne foi, la loyauté de l'action en elle-même, ni de ceux qui l'ont conseillée, ni de ceux qui l'ont soutenue ; mais de prouver qu'une erreur palpable, un aveuglement réel, quoique involontaire, l'ont dictée.

C'est avec franchise, avec conviction, autant qu'avec respect, que nous présentons ces dernières réflexions rédigées à la hâte, aux Magistrats, au public, au conseil du Prince, et au Prince lui-même, qui est assez grand pour se condamner aussitôt qu'il sera désabusé.

Monsieur BOURGUIGNON, Avocat du Roi.

Me BONNET, Avocat.

Me LACOSTE, Avoué.

De l'Imprimerie de DEMONVILLE, rue Christine n° 2.